Linda Marie Haupt

Melancholie

&

Hoffnung

Seelengedanken

Viele geschilderten Ereignisse sind frei erfunden.
Ähnlichkeiten sind rein zufällig und
entspringen reinweg den Gedanken der Autorin.

© 2018 Linda Marie Haupt

Cover
Iris Haupt
und
Lektorat Buchstabenpuzzle B. Karwatt

Bildmaterial
www.pixabay.de

Lektorat und Korrektorat
Lektorat Buchstabenpuzzle Karwatt
www.buchstabenpuzzle.de

1. Auflage

Herstellung und Verlag: BoD - Books on Demand, Norderstedt

Bibliografische Information der Deutschen Natio-
nalbibliothek: Die Deutsche Nationalbibliothek ver-
zeichnet diese Publikation in der Deutschen Nati-
onalbibliografie; detaillierte bibliografische Daten
sind im Internet über http://dnb.de abrufbar.

ISBN: 978-3-7460-8075-8

MIX
Papier aus verantwortungsvollen Quellen
Paper from responsible sources
FSC **FSC® C105338**
www.fsc.org

Linda Marie Haupt

Melancholie

&

Hoffnung

Seelengedanken

Inhalt

Schicksal

Glück, Unglück, Schicksal,
wie weit liegt das auseinander?

Es ist nur ein winzig kleiner Wimpernschlag,
nur ein einziges Bild,
eine einzige Untersuchung.

Sie entscheidet, wie dein Leben weitergeht.
Aufatmen oder verzweifeln,
was wird es wohl sein?

Ich hasse diesen Wimpernschlag
und hoffe an jedem neuen Tag:
Lasse es nicht das Unglück sein!

Der Liebe Vergänglichkeit

Über mein Gesicht fließen salzige Tränen,
kann nicht aufhören mich nach Liebe zu sehen.
So liebebedürftig ist mein Herz,
doch ist es gefangen in tiefem Schmerz.

Mag nicht mehr hören ein lautes Wort,
wünsche mich fort, an einen Zauberort.
Ein Ort voll Geborgenheit und Wärme,
ja, an diesem, wär ich jetzt gerne.

Eine Hand, die festhält die meine,
denn ich bin nicht gern alleine.
Eine Berührung auf meiner Haut,
eine Liebe, die auf Vertrauen baut.

Zärtlichkeit möchte ich fühlen,
den Schmerz in meinem Herzen kühlen.
Ein sanfter Kuss, die Hand auf dem Haar,
lässt mich erinnern, wie es früher war.

Hab geglaubt an der Liebe Ewigkeit,
doch auch sie ist nur Vergänglichkeit.
Geblieben ist ein trauriges Herz,
und ein nicht enden wollender Schmerz.

Lebensplan

Vieles läuft im Leben nicht wie geplant.
Es geschehen Dinge,
von denen niemand etwas ahnt.

Glaube an Etwas, was dich tragen kann.
Gib die Hoffnung nie auf!

Liebe ist wichtig, sie berührt deine Seele.
Dann lass sie kommen, die Dinge,
denn du bist zuversichtlich:
Du schaffst das!

Liebe

Liebe fragt nicht, ob der andere auch dich liebt.
Liebe schenkt Wärme, Geborgenheit, Glück,
Liebe schaut nicht nach dem Äußeren,
sieht nur die innere Schönheit.
Liebe hält dich mit Flügeln sanft umhüllt.
Liebe fragt nicht, ob jemand arm ist, oder reich.
Liebe beschützt dich bei Gefahr.
Liebe will nichts Oberflächiges, sie will Tiefe.
Liebe rettet dich in höchster Not.
Liebe verletzt nicht, sie macht dich stark.
Liebe ist die Kraft, die alles schafft.
Liebe fragt nicht, Liebe will nicht, Liebe ist.
Liebe ist stärker als der Tod.
Liebe vergeht nicht, sie ist ewig.
ICH kann nicht ohne Liebe sein!

Kraft

Ich wünsche dir Kraft, dich zu wehren.
Kraft, neue Wege zu gehen.
Kraft, Schläge zu ertragen.
Kraft, nach vorne zu schauen.
Kraft, nie aufzugeben.
Kraft, um Widerständen zu begegnen.
Kraft, um zu kämpfen.
Kraft, um deine Wünsche und Träume zu leben.
Kraft für dein weiteres Leben, und …
wenn du kannst, -
Kraft, zu vergeben!

Inseltraum

Du träumst von einer Insel.
Einer Insel mit Palmen, Strand und warmer Luft,
und deine Nase umweht ein süßer Duft.

Der Wind streichelt sanft dein Gesicht,
so zärtlich, du glaubst es fast nicht.

Und dann diese Ruhe, keine Hektik, kein Stress.
Ein Strandanzug ist dein einziger Dress.

So lässt es sich leben, so denkst du ganz still,
das ist etwas, das ein Jeder wohl will.

So schön ist es, du fühlst dich so leicht,
Ruhe sich langsam in dein Herz hinein schleicht.

Du denkst, wie schade, es ist nur ein Traum,
so etwas Schönes gibt es wohl kaum.

Du öffnest die Augen
und schaust durch den Raum:
Oh nein, was du gesehen, war gar kein Traum!

Alles ist wirklich und du erkennst klar:
Ja, manchmal werden auch Träume wahr.

Drum träume nicht dein Leben,
sondern lebe deinen Traum!

Hoffnung

Gib nie die Hoffnung auf,
das Leben nimmt keinen geraden Verlauf.

Trotze dem Schicksal und kämpfe,
wo es geht.

Tust du nichts,
ist es vielleicht schon zu spät.

Aufbruch

Leere, Angst, Hilflosigkeit,
all das will ich nicht!

Ich brauche mehr, ich brauche Zeit.
Zeit für dich und Zeit für mich.

Zeit, unsere Pläne in die Tat umzusetzen.
Zeit, um beim Aufbruch keinen zu verletzen.

Zeit halt, um das Leben noch zu genießen,
wohin der Lebensfluss mag auch fließen.

Aufbruch in eine Zeit ohne Sorgen?
Wir werden sehen,
was bringt uns das Morgen.

Fangen wir an!

Tod

Der Tod gehört zum Leben?!
Welch ein Quatsch.
Die Lebenden leben, die Toten sind tot.

Kannst du einen Toten umarmen?
Ja, ganz kurz, bevor er begraben wird.
Aber dann?
Kannst du mit ihnen kuscheln, sie küssen,
ein Gespräch mit ihnen führen?
Nein, sie sind kalt, schweigen, und …
Sie sind nicht mehr da!
Ein Leben nach dem Tod?
Und die Toten, ihre Seelen sind unter uns,
wir können sie nur nicht sehen?
Ja, das mag sein, aber was bringt uns das?
Nie wieder wirst du
die Worte deines Liebsten hören,
ihm nie wieder in die Augen blicken können,
ihm nie wieder nah sein und spüren können!
Ich hasse den Tod, habe Angst vor ihm.
Er nimmt dir das Liebste, dass du hast;
Und irgendwann dein eigenes Leben.

Also Tod, ich bitte dich:
Komm noch lange nicht!

Worte haben Macht

Es sind nur Worte,
Worte, die hetzen, die Menschen verletzen,
Worte, die heucheln, die deine Seele meucheln.
Worte, die in dir klingen, dir Unheil bringen.
Worte, die quälen bis aufs Blut,
nehmen dir jeden Lebensmut.
Worte, die dich zerstören,
willst du nicht mehr hören.
Es sind nur Worte,
doch gib gut Acht, denn Worte,
sie haben große Macht.

Es sind nur Worte,
Worte, die ganz weichen,
sanft wie ein leichtes Streicheln,
Worte, die in dir singen,
die dir Frohsinn bringen.
Worte, die voller Liebe so rein,
dringen in dein Herz hinein.
Worte, die in deine Seele malen,
bringen deine Aura zum Strahlen.
Worte, die dich innig berühren,
die magst du spüren.
Es sind nur Worte,
sie haben Macht,
drum gib auf deine Worte immer gut Acht.

Traumwelt

In meiner Welt, dem Traum,
entfliehe ich realem Raum.

Ist es wirklich so vermessen,
dass ich will Sorgen und Tränen vergessen?

In meinem Traum kann ich fliegen,
muss mich nicht weiter verbiegen.

Fühle mich leicht und frei,
abseits vom Einerlei.

Erlebe die schönsten Sachen,
kann endlich wieder lachen.

Kann tun und lassen, was ich will,
unterliege keinem Drill.

Höre zarte Worte an meinem Ohr,
Verletzungen kommen dort nicht vor.

Nur freundliche Wesen erleben,
mich meinen Träumen ergeben.

So kann ich abschalten vom Tag,
den ich so, schon lange nicht mehr mag.

Verdammnis

Ich habe euch gerufen, habe gefleht,
doch ihr, ihr habt mich nicht gehört,

War verzweifelt, war am Boden,
wie sollt ich da euch Engel loben?

Ist denn der Teufel stärker als ihr,
wird ER helfen, wenn ich rufe ihn mir?

Oder ist es nur mein Schweinehund,
der dauernd mich triezt und ständig macht rund?

Der mich sehen lässt, was ich nicht sehen muss,
und bereitet mir dadurch viel Verdruss?

Ich bin verzweifelt, könnt ihr das sehen?
So darf es nicht mehr weitergehen!

Ich ruf euch noch einmal um Hilfe an,
doch dann, werd ich schweigen, mein Leben lang.

Dann will es das Schicksal, dann soll es so sein,
meine Seele wird in Verdammnis sein.

An meine Liebe

Wünsche, verpackt in Geschenkpapier,
schicke ich dir aus der Ferne.
Bewahre sie tief in deinem Herzen,
wie ein Meer voller bunter Magie.

Worte, süß wie Zuckerwatte,
flüstere ich in dein Ohr.
Schließe sie ein, in den Kokon deiner Seele,
und lasse sie dort frei.

Berührungen, leicht wie ein Wolkenhauch,
damit bringe ich deine Haut zum Glühen.
Mögest du sie zart spüren,
wie den Flügelschlag eines Schmetterlings.

Träume, aus Geborgenheit gewoben,
träumen wir gemeinsam.
Lassen wir sie fliegen,
wie Perlen an Pusteblumenschirmchen.

Anleitung zum Glücklich sein

Hört meine Worte, sie machen Sinn,
auch, wenn ich keine Gelehrte bin.
Soll eure Liebe sich entfalten
und im Alltag nicht erkalten,
dann pflegt sie jeden Tag,
das ist es, was die Liebe mag.

Sagt eurem Partner: »Wie schön du bist«,
und wenn er fort war: »Ich hab dich vermisst.«
Seid stets lieb und zart zueinander,
erstrebt ein »Wir« kein Gegeneinander.
Die Liebe lebt von kleinen Dingen,
zusammen, lachen, träumen, singen.

Vermeidet jedes harte Wort,
denn in euren Herzen lebt es fort.
Das Glück des Anderen liege euch am Herzen,
so könnt ihr verhindern Kummer und Schmerzen.
Zärtlichkeiten sollt ihr vergeben,
ein Netz voller Geborgenheiten weben.

Sprecht jeden Tag ein liebes Wort,
und eure Liebe lebet fort.

Die Flügel der Zeit

Auf den Flügeln der Zeit fliegst du davon.

Als Kind bewegt sie langsam ihre Flügel,
du meinst, du hättest die Zeit am Zügel.

Zeit interessiert dich nicht,
es gibt Wichtigeres für dich.

Als junger Mensch hast du Gedanken,
alle über dreißig, gehören zu den Alten.

Noch immer bist du nicht bereit,
zu sehen, wie sie verrinnt, die Zeit.

Dann in den mittleren Jahren,
beginnst auch du, die Zeit zu erfahren.

Du siehst es an deinem eigenen Kind,
dass die Flügel weitergeflogen sind.

Und, über fünfzig ist es soweit,
sie fliegen schneller,
sie rennt, unsere Zeit.

Hattest du gestern noch so viel bereit,
ist nicht mehr viel übrig, wie dir erscheint.

Auf den Flügeln der Zeit fliegst du in Pension
und wünschtest, du hättest noch viel davon.

Kannst nicht ändern, der Flügel Geschwindigkeit,
sie werden dich geleiten in die Ewigkeit.

Dein Leben ist bereit,
lass dich tragen, von den Flügeln der Zeit.

Deine Seele

Ein Blick in diese Augen,
es war um mich geschehen,
konnt bis aus den Grund deiner Seele sehen.

Diese unglaubliche Farbe,
ein smaragdes Grün ...
ich konnte mich ihnen nicht mehr entziehen.

Ich sah deine Seele,
sie blickte mich an,
war umweglos von ihr angetan.

Sie war traurig, aber auch weich und warm,
ich nahm dich sofort in meinen Arm.

Dieses Liebevolle, das schlummert in dir,
es lag aufgeschlagen, offenbarte sich mir.

Deine Seele, meine Seele, sind einander gleich.
Die Liebe ist's, sie macht unendlich reich.

Seele

Deine Seele leidet,
dein Körper schreit vor Schmerz.
Öffne deine Arme weit und atme tief durch.
Sorge für dich, tu dir etwas Gutes!
Es fällt dir leichter,
für andere zu sorgen?
Vergiss dich nicht, du bist wichtig!
Denke nicht mit Angst an das,
was morgen sein könnte,
du verschwendest deine Energie.
Tu, was getan werden muss …
Bis zum Schluss.

Schutzengel

Heute wurde ein Kindlein geboren,
ein Engel hat es als Schützling erkoren.
Siehst du, wie von den Schwingen fällt der Staub,
leise rieselt er auf des Kindes Haupt.
Er funkelt und glitzert in allen Farben,
wird es beschützen vor allen Gefahren.
Mit Engelsstaub wurde es berührt,
sein kleines Herz mit Liebe gefüllt.
Der Engel hat ihm damit gegeben,
auf all seinen Wegen, seinen Segen.
Groß ist er, majestätisch und ohne Mängel,
zeitlebens bleibt er ... des Kindes Schutzengel.

Wie ein Phönix

Wie ein Phönix aus der Asche
brichst du aus der Dunkelheit.
Aus dem Nebel führt dein Weg,
IHRE Liebe ist dein Steg.

Wie ein Phönix aus der Asche
wirst du dich erheben.
Mit allen Sinnen und Augen offen,
wirst du nun auf Heilung hoffen.

Wie ein Phönix aus der Asche
bist du stark und schön.
Wenn zwei Seelen sich vereinen,
wird das Schicksal sich verneigen.

Ich sehe dich an

Ich sehe dich an.
Du hast deine wundervollen Augen geöffnet,
aber was siehst du?
Du siehst mich an, aber erkennst du mich?
Was denkst du, wenn du mich siehst?
Weiß du, wer ich bin?
Weißt du noch, dass wir uns verlobt haben,
unser Leben gemeinsam verbringen wollen?
Kennst du noch unsere Pläne?
Kannst du dich erinnern,
es hat Zoom gemacht, als wir uns trafen.
Von da an gab es kein DU und kein ICH mehr,
sondern nur noch ein WIR.
Du bist wach und du bist es doch nicht.
Du bist nicht bewusstlos,
doch du kannst dich nicht mitteilen.
Spürst du meine Hand auf deinem Herz,
immer, wenn ich bei dir bin?
Ich fühle,
wie es beginnt, wie ein Rennauto zu rasen.
Es war dein Wunsch, weißt du es noch?

Ich sehe dich an.
Du bist blass und
dein Körper ist dünn geworden.
Doch ich liebe das, was ich sehe.
Ich verliebe mich jedes Mal aufs Neue,
wenn ich dich anschaue.

Ich wüsste so gerne,
was du denkst und fühlst.
Hast du Angst,
weil du den Weg
aus dieser Dunkelheit nicht findest?
Macht es dich wütend?
Ich versuche, dich zu rufen
und dir mit meiner Stimme und Musik
den Weg hinaus zu zeigen.
Hilflos fühle ich mich,
denn ich kann nichts tun,
außer bei dir zu sein.
Ich versuch, dir von meiner Kraft abzugeben,
fasse dich an den Händen,
als könnte ich dich zurück ins Leben ziehen.

Ich sehe dich an.
Und ich weiß,
ich werde dich niemals alleine lassen.
Werde nicht aufgeben,
dich zu rufen.
Wenn du Angst hast,
bin ich bei dir.
Ich werde dich halten,
wenn du weinst und verzweifelt bist.
Wenn deine Augen mich fragend anschauen,
werde ich dich in meine Seele schauen lassen.
Du wirst sie sehen, meine Liebe,
du wirst sie fühlen.
Ich schwöre dir, ich werde immer bei dir sein.

Du hast mir versprochen, du kommst bald zurück,
darauf vertraue ich.
Ich möchte endlich wieder Haut an Haut und
das Gefühl von Schmetterlingen
und Leichtigkeit erleben.
Die Zukunft wartet,
auf dich und mich, auf UNS!
Komm zurück ins Leben ... bitte, bald.

Liebe

Wenn ich ein Maler wäre, malte ich ein Bild von dir,
denn mein Herz quillt über vor Liebe zu dir.
Du hast mich bezaubert mit deinen Augen,
kann auf den Grund deiner Seele schauen.
Du hast mich begeistert mit deinem Wesen,
das ist nie jemals zuvor so gewesen.
Du hast mich umarmt mit deinen Worten
und mich beschützt vor düsteren Orten.
Du hast mich umfangen mit deiner Liebe,
ich wünsche mir, dass es auf ewig so bliebe.

Stern der Hoffnung

Fast sternenlos ist heut die Nacht,
allein der Mond hält einsam Wacht.
In seinem blassen, fahlen Licht
kann man nur ahnen mein Gesicht.

Nach oben schau ich, suche den Stern,
hab ihn gefunden, er ist ja so fern!
Der Stern, den ein Freund seiner Liebsten schenkte,
damit sie immer an ihn denke.

Doch ach, der Freund, nun ist er fort,
an einem rätselhaften Ort.
Er kämpft, will zu ihr, zurück ins Licht,
doch findet er den Ausgang nicht.

Gefangen in den Zwischenwelten,
wo unsre Regeln nichts mehr gelten.
Dort kann er jedes Wort verstehn,
kann gar ihr in die Augen sehn!

Erkennt er sie? Vielleicht, wer weiß.
Sie wünscht es sich, so fest, so heiß!
Zwei Engel geben neuen Mut.
»Zuletzt wird alles wieder gut.«

Voll Zuversicht ins Engelwort,
scheucht sie nun alle Zweifel fort.

Legt täglich ihm die Hand aufs Herz,
fühlt weder Kummer dort, noch Schmerz.

Sein Herz, es spricht, und gibt ihr Halt.
Es flüstert leis: »Ich komme bald.«

Himmelsmacht

Liebe, Himmelsmacht auf Erden,
Lieben und geliebt zu werden,
das ist, was ein Mensch erstrebt,

Liebe, die auf ewig lebt.
Doch die Liebe musst du hegen,
jeden Tag aufs Neue pflegen.

Diese Pflanze, rein und zart,
zerstören Worte, welche hart.
Geben und Nehmen sei dein Ziel,
damit die Liebe bleiben will.

Kampf des Lebens

Bei der Geburt beginnt er,
der Kampf deines Lebens,
manch einer kämpft ihn zeitlebens vergebens.
Du kämpfst um Anerkennung, Geld und Gut,
und oftmals fehlt dir der letzte Mut.
Schwerkrank, kämpfst du, mit Allem,
was du hast,
erkämpfst dir im Leben einen Platz.
Kämpfst um deinen Arbeitsplatz,
weil du weißt, es gibt für jeden Ersatz.
Es stapeln sich Rechnungen, noch und noch,
du ignorierst sie,
aber bezahlt werden müssen sie doch.
Du kämpfst gegen Windmühlen
wie Don Quijote,
suchst einen Ausweg, aus diesem Trotte.
Ganz ohne Hilfe und Halt im Leben,
wird es stets und immer wieder Kämpfe geben.
Drum wünsche, für deinen Kampf,
ich dir helfende Hände,
sie mögen dir bringen, die glückliche Wende.

Halte mich

Halte mich, wiege mich in deine Armen,
lass mich spüren von Gefühlen, den warmen.

Streichle meine Seele mit deiner Worte Wahl,
beende meine Seelenqual.

Fühle mich verloren und finde mich nicht wieder,
lege meine Sehnsucht zu deinen Füßen nieder.

Hülle mich in Geborgenheit,
sonst bin ich verloren für alle Zeit.

Engel der Entscheidung

Gut und Böse sind miteinander verwoben,
das gilt auch für die Engel dort droben.

Zusammen sitzen sie auf einem Platz,
eine mit viel Liebe, die andere mit Hass.

Gemeinsam sollen sie sich bewähren,
auf dass wieder Friede wird auf Erden.

So können sie stets zusammen nur handeln,
müssen bis zum Erfolg zwischen Welten wandeln.

Bitte, ihr Engel, ihr habt's in der Hand,
bringt wieder Frieden in unser Land.

Das verlorene Lachen

Habe mein Lachen verloren und weiß nicht wo,
hab überall gesucht, vermisse es so.
Ich weiß nicht, wo hab ich's zuletzt gesehen?
So viel ist seit damals mit mir geschehen.

Als der Krebs mich erwischte, war es noch da?
Trotz aller Schmerzen, es war da, ja!
Ich verlor zwei Babys und dennoch, ja,
mein Lachen war auch damals da.
Als mein Mann schwer erkrankte, ich litt, na klar,
doch ich verlor nie das Lachen, es war immer da.
Liebe Menschen starben, ein um das andere Mal,
das Lachen aber - war immer noch da.

Als mein Seelenfreund mich ganz einfach vergaß,
das Lachen auch noch in mir saß.
Auch als der Krebs mir das Liebste wollt nehmen,
mein Lachen konnte mir Hoffnung geben.
Doch plötzlich kann ich es nicht wiederfinden,
so viel ich auch suche, es lässt sich nicht finden.
Wo hab ich's verloren,
an welchem Ort, welcher Zeit?
Ich war doch stets zum Lachen bereit.

So suche ich in jedem Augenblick,
wünsch mir von Herzen mein Lachen zurück.
Denn was auch geschieht, in dieser Welt,
ein Lachen stets die Seele erhellt.

Der Kuss

In meinem Traum, da hast du mich geküsst,
weich und sanft, wie hab ich das vermisst!

Dieser Kuss brachte mein Herz zum Klingen,
mein Tag … nun kann er neu beginnen.

Keine Begierde, nur reine Zärtlichkeit,
ein Kuss … geschaffen für die Ewigkeit.

Ein kleines Glück

Manchmal im Leben, so dann und wann,
klopft etwas zaghaft bei dir an.
Ich rate dir, lass es herein,
es wird dein Schaden niemals sein.

Deine Augen beginnen wieder zu strahlen,
ein lachend Gesicht kann es dir malen.
Die Mundwinkel, die nach unten hingen,
kann es zurück in die Mitte bringen.

Und ist es dunkel in deinem Herz,
weil du vergraben hast deinen Schmerz,
dann lässt es ganz viel Licht hinein,
dein Herz wird wieder leichter sein.

Auch deine Seele, die niemals vergisst,
die viele Dinge schrecklich vermisst,
deine Seele wird wieder fröhlich sein,
lässt du diesen einen Gast hinein.

Du möchtest wissen, wer Einlass begehrt?
Etwas, nach dem sich ein Jeder verzehrt!
Öffne die Tür, dann lehn dich zurück,
denn vor dir steht es: Ein kleines Glück.

Du kannst es behalten, darfst es auch teilen,
dann wird es noch lieber bei dir verweilen.
Nur einen Rat ich für dich noch habe:
Leg etwas zur Seite, für schlechte Tage.

Hört auf!

Ich schließe meine Augen,
ich will es nicht mehr sehen,
Gewalt, Kriege, Terror, Folter,
Elend, Not, Hunger, Tötungen ...
an Menschen und an Tieren!

Ich verschließe meine Ohren,
will nicht mehr hören
das Wimmern, Weinen, Schreien, Jaulen,
von Menschen und Tieren.

Meine Augen sehen nichts mehr,
meine Ohren hören nichts.
Doch da ist mein Herz,
es kann diese Dinge nicht vergessen.
Es leidet mit Menschen und Tieren.

Hört das alles wirklich erst auf:
Wenn der letzte Mensch, das letzte Tier,
das letzte Fleckchen Erde zerstört ist?
Hört endlich auf damit!
Am Ende gewinnt keiner!

Ich kann ...

Ich kann hören,
doch höre ich auch die leisen Zwischentöne?
Oder nur das, was ich hören will?
Höre ich die versteckten Rufe nach Hilfe?

Ich kann sehen,
aber sehe ich auch die kleinen Schönheiten
des Lebens?
Das Leid anderer,
denen es schlechter geht als mir?
Sehe ich auch den Schmerz
hinter einem Lächeln?

Ich kann sprechen,
aber treffe ich immer den richtigen Ton?
Oder verletzen meine Worte und
bringen Menschen zum Weinen?

Ich kann verstehen,
doch verstehe ich wirklich,
was mein Gegenüber sagt?
Oder interpretiere ich es auf meine Weise?

Ich kann denken,
doch woher weiß ich,
ob das Ergebnis richtig ist?
Sind meine Gedanken frei
von Boshaftigkeit oder Missgunst?

Ich kann fühlen,
fühle eigenen Kummer, Trauer,
Freude oder Glück.
Doch kann ich mitfühlen,
habe ich ein mitfühlendes Herz?
Kann ich mich in die Situation
von anderen hineinversetzen,
bin ich empathisch?

Ich kann lächeln,
aber kannst du sehen,
ob es von Herzen kommt?
Ob meine Augen mit mir lächeln?
Oder ob ich nur lächle,
um meinen Kummer nicht zu zeigen?

Ich kann essen,
aber weiß ich immer die Zeit
und die Liebe zu schätzen,
mit der für mich gekocht wurde?
Was macht es mit mir,
da ich weiß, dass anderswo auf der Welt
Menschen (ver) hungern,
aber Lebensmittel in Massen entsorgt werden?

Ich kann laufen,
doch gehe ich jeden Weg gerne?
Weiß ich immer, welchen Weg ich gehen soll?
Möchte ich nicht oft davonlaufen,
oder stehen bleiben?
Ich kann so vieles, aber mache ich es auch?

Manche Träume

Manche Träume zerplatzen, bevor du erwachst.
Ganz einfach, weil du einen Fehler machst.

Du hast eine Idee und die bringst du voran,
das böse Erwachen erfolgt sodann.

Du hast nicht überlegt und nicht bedacht,
wer jetzt an etwas die Rechte hat.

Es tut dir so leid, doch nun ist es geschehen,
du fragst dich, wie wird es nun weitergehen?

Du könntest dich treten und noch so viel mehr
und gibst ein Versprechen;
das passiert mir nie mehr!

Du legst einer Fee dein Leid in die Hände,
wartest mit schwerem Herzen
auf eine glückliche Wende.

Manche Träume werden wahr,
wenn du erwachst,
auch wenn du manchmal Fehler machst.

Ihr Herz

Ihr Herz ist so traurig, es weint,
und das nicht, weil die Sonne nicht scheint.
Nein, draußen ist alles gut so, wie es ist,
auch, wenn der Himmel
manchmal Tränen vergießt.

Doch in ihrer Seele sieht es ganz anders aus,
Blutstropfen vor Kummer fließen hinaus.
Es ist nicht tätliche Gewalt, die sie so verletzt,
nein, was sie sagt und macht,
wird nicht wertgeschätzt.

Jeder Satz, den sie sagt, wird seziert,
und mit eigenen Worten fein garniert.
Sie fühlt sich minderwertig und klein,
will einfach nicht mehr verletzlich sein.

Beruhigend legt sie ihre Hand aufs Herz
und flüstert ganz leise:
»Ich kenne so gut deinen Schmerz,
wir leiden auf dieselbe Weise.«

Vergrabene Gefühle

Vergraben hast du dein Gefühl,
vergraben bis auf alle Zeit.

Abschotten heißt ab jetzt dein Ziel,
abschotten - vor zu viel Gefühl.

Die Mauer, die dein Herz umgibt,
die Mauer hast du selbst gebaut.

Dein Herz, verletzt durch Wortgemetzel,
dein Herz versinkt im Tränenmeer.

Kein Mensch soll dich verletzen können,
kein Mensch soll je den Eingang finden.

Den Schlüssel, mit dem du's verschlossen,
den Schlüssel hast du weggeworfen.

Lieber still das Leben leben,
lieber still, der Ruhe wegen.

Keine Verletzung und dein Herz hat Ruh,
keine Verletzung und doch trauerst du.

Du trauerst um verlorenes Gefühl,
du trauerst, denn es gab so viel.

Vollmondnacht

Heute Nacht, bin ich erwacht,
als mir der Mond ins Gesicht gelacht.
Er zeigt mir ein Wesen, ganz in Blau,
und bat, dass ich diesem in die Augen schau.

Ich sollt ihm erzählen, alles Leid, alle Pein,
mein Kummer wird von mir genommen sein.
So erzählte ich dem Wesen im schillernden Blau,
all meine Nöte dann ganz genau.

Gesprochen hat dieses Wesen nicht,
doch über meinem Kopf
spürte ich Wärme und Licht.
Sacht berührte es mich an der Hand,
ich fühlte mich wunderbar entspannt.

Ich dankte dem Mond, dankte dem Wesen,
bin lange nicht mehr so ruhig gewesen.
Meinem Kummer wurde ein Ende gemacht,
in meinem Herzen ist neue Hoffnung erwacht.

Wir?

Ich sehe deine Gestalt an – das bist nicht du.
Ich schaue in dein Gesicht – es erscheint mir fremd.
Ein Blick in deine braunen Augen – da ist nur Leere.
Im Herzen keine Gefühle, keine Liebe – wo bist du?

Ich sehe meine Gestalt an - das bin nicht ich.
Ich schaue in mein Gesicht – ein Gesicht ohne Glanz.
Ein Blick in meine blauen Augen –
da ist nur Traurigkeit.
Im Herzen viele Gefühle, keine Liebe – wo bin ich?

Unsere Körper, die einst zusammenpassten,
unsere Gesichter, die miteinander strahlten,
unsere Augen, aus denen Wärme sprach,
unsere Herzen, in denen die Liebe wohnte,
sag, wo sind wir?

Sehnsuchtsvoll

Sehnsuchtsvoll höre mein Herz ich schlagen.
Meine Gedanken, sie wagen,
sich in Sphären,
in denen wir beide gern wären.

Liebevoll kann ich denken an dich,
Bilder überfallen mich,
aus den Zeiten,
die noch immer mich begleiten.

Traurigkeit legt sich auf mein Gemüt,
hätt ich mich doch mehr bemüht,
dich zu halten,
dann wär alles auszuhalten.
Kummer nahm mir mein frohes Lachen,
was kann ich tun, kann ich machen,
es zu finden
und dich wieder an mich zu binden?

Tränen rinnen über mein Gesicht,
ich fürchte, ein Zurück, das gibt es nicht.
Ich sinniere,
ob erneut ich mich an dich verliere.

Schweig still, mein sehnsuchtsvoll schlagend Herz,
Wiederholungen bringen nur Schmerz,
wie schön es wäre
in einer Liebesatmosphäre.

Über die Autorin

Die Autorin wurde im Mai 1959 in Remscheid geboren. Sie schreibt unter dem Pseudonym Linda Marie Haupt, das eine Hommage an ihre früh verstorbene Mutter ist. Die ehemalige Pflegedienstleiterin ist verheiratet und hat zwei erwachsene Kinder. Einschneidende Erlebnisse brachten einen Umzug nach Mallorca mit sich. Die Insel ist seitdem für sie zum Lebensmittelpunkt geworden. Schon als Kind war sie eine ›Leseratte‹, ihre Leidenschaft zum Schreiben entdeckte sie jedoch erst vor vier Jahren. Zusammen mit ihrem Mann engagiert sie sich privat im Tierschutz. Begebenheiten in diesem Zusammenhang verarbeitet sie immer wieder in Gedichten und Geschichten. Ihre Beiträge wurden bisher in mehreren Anthologien veröffentlicht, weitere sind geplant. Außerdem entstanden sechs eigene Bücher mit Gedichten, Kurzgeschichten und Märchen, in denen sie die Leser mitnimmt auf eine Reise durch Fantasien und Sehnsüchte. Ihre gefühlvollen Texte laden zum Nachdenken und Träumen ein.

Bisherige Veröffentlichungen:

›Magie - Geschichten und Gedichte von Linda Marie Haupt‹

›Rudolf mit der blassen Nase ... und weitere Weihnachtsgedichte und Geschichten‹

›Sams Weihnachtsgeschichte‹ - ein Kinder-Wendebuch in den Sprachen Englisch/Deutsch

›Magische Märchenwelt › Band 1-3

Alle bisherigen Publikationen sind auch zu finden unter:
https://www.amazon.de/-/e/B012AWJVPK